この本について

- ディズニー映画のストーリーで英語を楽しみましょう。知っているキャラクターの名前や、物語のポイントをこの本で探してみましょう。

- この本の最後で、ストーリーのなかに出てきたアルファベット、単語、会話表現について紹介しています。絵と文章を見直しながらくりかえし読んでみましょう。

- この本では、英語の初心者の学習のためになるべくことばの数を少なくし、あえて単純な表現を使っている場合があります。

- Words は文章に出てきた単語や熟語の日本語訳です。主語が "I"(私)や"You"（あなた）以外で1人のときなどに、動詞の形が変わることがあります。

  (例) I meet Anna.
  　　 You meet Elsa.
  　　 Elsa meets Olaf.
  このような場合、Words ではmeet(s)と表記しています。

- 学習に役立ててもらうために日本語訳はなるべく直訳で表記しています。映画のDVDやBlu-rayなどの音声や字幕とは、ことなる表現になっている場合がありますが、あらかじめご了承ください。

Disney MOANA

モアナと伝説の海

【監修】 荒井和枝
筑波大学附属小学校教諭

Moana lives on an island.

She loves the ocean.

Words	★ Moana モアナ　★ live(s) 住んでいる　★ island 島　★ love(s)〜 〜が大好き
	★ ocean 広くて大きい海

Moana grows up.

"You are the future of our people, Moana."

Words ◆ grow(s) up 成長する ◆ future 未来 ◆ of~ ～の ◆ our people 私たちの民族

There are no fish left in the lagoon.

"How about beyond the reef?"

"No one goes beyond the reef!"

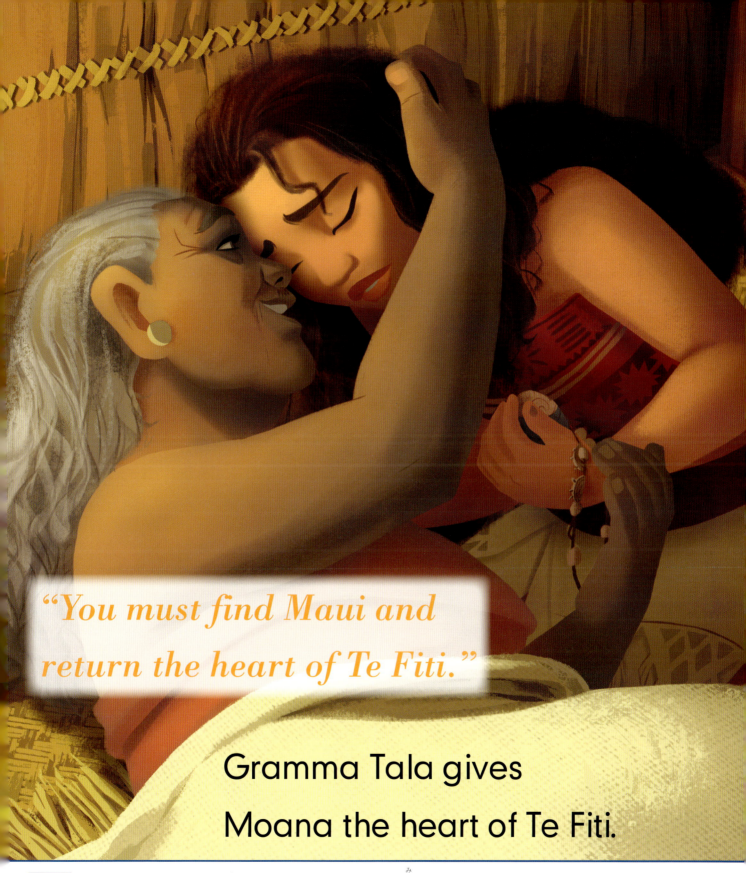

"You must find Maui and return the heart of Te Fiti."

Gramma Tala gives Moana the heart of Te Fiti.

Words
- must~ ～しなければならない
- find~ ～を見つける
- Maui マウイ
- and そして
- return 返す
- Gramma[grandmother] Tala タラおばあちゃん
- give(s)~ ～を手わたす
- the heart of Te Fiti テ・フィティの心

Moana must sail beyond the reef.

Words ◆ sail 船で進む

A big storm comes.
Moana's small boat is lost.

Words　◆ big 大きな　◆ storm 嵐　◆ come(s) やってくる　◆ small 小さな　◆ boat 船
◆ lost 難破する

In the morning,
Moana arrives on Maui's island.
And she finds Maui!

Words ◆ in the morning 朝に ◆ arrive(s) 到着する

Moana asks him how to sail.
But Maui does not want to help.
Finally, in the afternoon, Maui teaches her to sail.

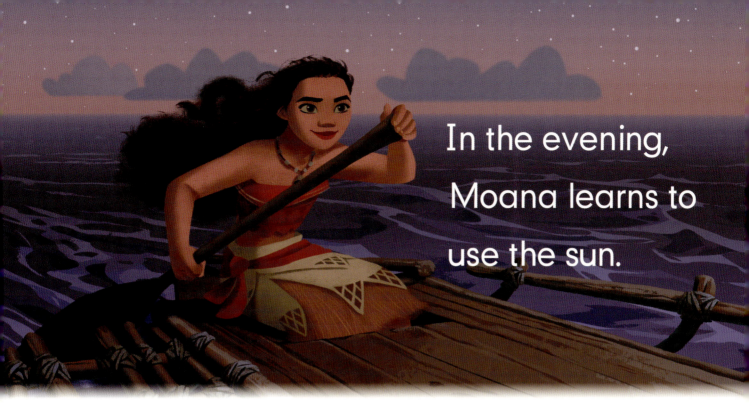

In the evening, Moana learns to use the sun.

In the night, Moana learns to use the stars.

Words
- in the evening 夕方に
- learn(s) to~ ~を習得する
- use 使う
- sun 太陽
- in the night 夜に
- stars 星ぼし

"Turn around! Stop! Moana, stop!"

Words ♦ turn around 向きをかえる ♦ stop 止まる

Moana and Maui sail to Te Fiti.
Monster Te Kā comes.
Maui changes into a hawk.

Words ♦ monster 怪物　♦ Te Kā テ・カァ　♦ change(s) into〜 〜に変身する　♦ hawk タカ

Te Kā strikes Maui.

Words ◆ strike(s)〜 〜をたたきおとす

"I told you to turn back."

He flies away into the night sky.

"Choose someone else, please."

Words ★ told 言った ★ turn back もどる ★ flies away 飛びさる ★ sky 空
★ choose～ ～を選ぶ ★ someone else ほかのだれか ★ please お願い

Suddenly, the spirit of Gramma Tala appears.

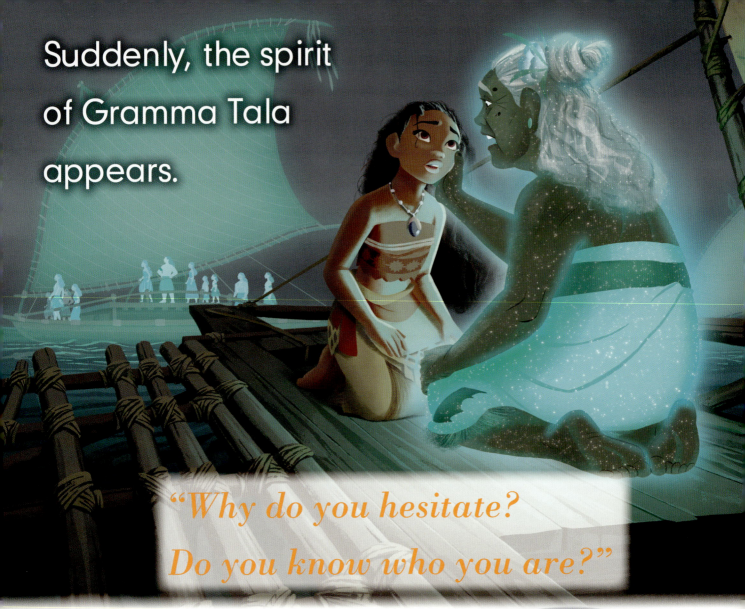

"Why do you hesitate? Do you know who you are?"

Moana decides to try again!

"I am Moana of Motunui.
Aboard my boat, I will sail across the ocean.
And restore the heart of Te Fiti."

Words
- Motunui モトゥヌイ（モアナの民族）
- aboard 乗って
- across わたって
- restore~ ~を持ち主に返す

Te Kā attacks Moana and Moana falls into the ocean.

Words　♦ attack(s)～　～を攻撃する　♦ fall(s) into　～に落ちる

At that moment,
Maui comes and rescues Moana!

"Now, go save the world,
Chosen One!"

Moana goes to Te Fiti's island.

But Te Fiti is gone.

Then Moana knows what to do.

Words ● is gone いなくなっている ● Then それなら ● what to do 何をするべきか

Te Kā comes toward Moana.

"You know who you are."

Moana returns the heart of Te Fiti.

Words ♦ toward〜 〜に向かって

"I'm sorry."

Then Te Kā changes into Te Fiti.

Moana saved the world!

And Moana gets back to her island.

Words ♦ I'm sorry. 悪かった、ごめんなさい ♦ saved〜 〜を救った ♦ get(s) back〜 〜に帰る

Moana leads her people to visit new islands.
She is a great wayfinder.

日本語に訳してみよう！

本文の英語を日本語に訳しています。参考にして英語学習に役だてましょう。

p.2 Moana lives on an island.
モアナは島に住んでいます。

She loves the ocean.
彼女は広くて大きい海が大好きです。

p.3 Moana grows up.
モアナは成長しました。

"You are the future of our people, Moana."
「おまえは私たちの民族の未来なんだよ、モアナ」

p.4 There are no fish left in the lagoon.
サンゴ礁に囲まれた浅い海の内側には魚は一ぴきも残っていません。

"How about beyond the reef?"
「サンゴ礁をこえてみたらどうなの？」

"No one goes beyond the reef!"
「だれもサンゴ礁をこえて行くのはいけない！」

p.5 "You must find Maui and return the heart of Te Fiti."
「おまえはマウイを見つけてテ・フィティの心を返さなければならないんだ」

Gramma Tala gives Moana the heart of Te Fiti.
タラおばあちゃんはテ・フィティの心をモアナに手わたします。

p.6 Moana must sail beyond the reef.
モアナはサンゴ礁を船でこえなければなりません。

p.7 A big storm comes.
大きな嵐がやってきます。

Moana's small boat is lost.
モアナの小さな船は難破します。

p.9 In the morning, Moana arrives on Maui's island.
朝になって、モアナはマウイの島に着きます。

And she finds Maui!
そしてマウイを見つけます！

p.10 Moana asks him how to sail.
モアナは船を操縦する方法をたずねます。

But Maui does not want to help.
しかしマウイは手伝いたくありません。

Finally, in the afternoon, Maui teaches her to sail.
けっきょく、午後にマウイは船を操縦する方法を教えます。

p.11 In the evening, Moana learns to use the sun.
夕方に、モアナは太陽を使うことを習得します。

In the night, Moana learns to use the stars.
夜には、モアナは星ぼしを使うことを習得します。

p.12 "Turn around! Stop! Moana, stop!"
「向きをかえろ！　止まれ！　モアナ、止まるんだ！」

p.13 Moana and Maui sail to Te Fiti.
モアナとマウイはテ・フィティにむかって船で進みます。

Monster Te Kā comes.
怪物テ・カァがやってきます。

Maui changes into a hawk.
マウイはタカに変身します。

p.14 Te Kā strikes Maui.
テ・カァはマウイをたたきおとします。

p.15 "I told you to turn back."
「もどれって言っただろう」

He flies away into the night sky.
彼は夜の空へ飛びさっていきます。

"Choose someone else, please."
「だれかほかの人を選んで、お願い」

p.16 Suddenly, the spirit of Gramma Tala appears.
すると突然、タラおばあちゃんの霊があらわれます。

"Why do you hesitate?"
「なぜためらっているんだい？」

Do you know who you are?"
「おまえは自分がだれか知っているだろう？」

Moana decides to try again!
モアナはもう一度挑戦すると決めます。

p.17 "I am Moana of Motunui.
「私はモトゥヌイのモアナ。

Aboard my boat, I will sail across the ocean.
船に乗って、海をわたるの。

And restore the heart of Te Fiti."
そしてテ・フィティの心を持ち主に返すのよ」

p.19 Te Kā attacks Moana and Moana falls into the ocean.
テ・カァはモアナを攻撃し、モアナは海に落ちます。

p.20 At that moment, Maui comes and rescues Moana!
そのとき、マウイがやってきてモアナを救出します！

"Now, go save the world, Chosen One!"
「さあ、世界を救いにいけ、選ばれし者よ！」

Moana goes to Te Fiti's island.
モアナはテ・フィティの島へ向かいます。

p.21 But Te Fiti is gone.
しかしテ・フィティはいなくなっています。

Then Moana knows what to do.
それならモアナは何をするべきかわかります。

p.23 Te Kā comes toward Moana.
テ・カァはモアナに向かってやってきます。

"You know who you are."
「あなたは、あなたがだれか知っているでしょう」

Moana returns the heart of Te Fiti.
モアナはテ・フィティの心を返します。

p.24 "I'm sorry."
「おれが悪かったよ」

Then Te Kā changes into Te Fiti.
するとテ・カァはテ・フィティに変身します。

Moana saved the world!
モアナは世界を救ったのです！

And Moana gets back to her island.
そしてモアナは島へ帰ります。

p.26 Moana leads her people to visit new islands.
モアナは彼女の民族を新しい島に訪れるように導きます。

She is a great wayfinder.
彼女は偉大な先導者なのです。

アルファベットに親しもう！

アルファベットには大文字と小文字があります。AからZまで順番に見くらべてみましょう。

大文字

A B C D E F G H I J K L M

小文字

a b c d e f g h i j k l m

アルファベットで楽しもう！ アルファベット数え
こたえは33ページにあるよ

ブタは英語でpigです。p・i・gの文字をかくしたあと、のこった文字を左からならべて読むとある人物の名前がうかびあがります。だれの名前かな？

M	P	a	P	a
g	i	P	n	P
P	g	i	i	g
i	o	g	P	P
g	P	P	g	i
i	g	i	g	g

大文字と小文字でかたちが違うものがあるんだよ！

英語で名前を書くときは、いつも大文字で書き始めるの。

N O P Q R S T U V W X Y Z

n o p q r s t u v w x y z

アルファベットを探してみよう！

こたえは33ページにあるよ

下のイラストが出てくるページから、このアルファベットを探してみよう。どのページかな？

Te Kā

Te Fiti

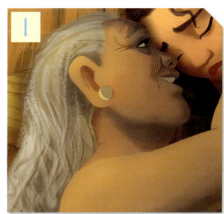

Gramma Tala

Moana

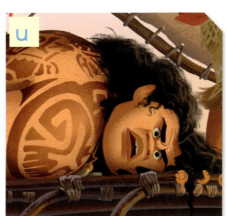

Maui

wayfinder

英語のことばをおぼえよう！

英語にもいろいろなことを表現することばがあります。どんなことばがあるか見てみましょう。

時間帯をあらわすことば

morning 朝・午前

afternoon 午後

evening 夕方・日暮・晩

night 夜

地形をあらわすことば

beach	ocean	sea	lagoon	island
浜辺	広くて大きな海	海	サンゴ礁に囲まれた浅い海	島
lake	river	mountain	valley	desert
湖	川	山	谷	砂漠
waterfall	hill	plain	land	cave
滝	丘	平野	陸	洞窟

いろいろなことをたずねるときのことば

「why」「what」「who」「where」「when」「how」という単語は、ものごとをたずねて、その答えをききたいときに使います。文の先頭につけて使います。
とくに「how」は「many」や「much」などをつけることで、さまざまなことをたずねることができます。

"Why do you hesitate?"
「なぜためらっているんだい？」

「why～？」の文は、「なぜ～？」とたずねる文です。理由や原因を聞きたいときに使います。答えるときは「Because～」（なぜなら～）を使って説明します。

あなたがモアナだったら、どのような返事をするか考えてみましょう。

why なぜ	what 何	how どうやって
who だれ	where どこ	how many いくつ
when いつ		how much いくら

What is Moana doing?
モアナは何をしていますか？

She is swimming in the ocean.
彼女は海で泳いでいます。

英語で言ってみよう！

映画のセリフを使って英語で話してみましょう。

たのんでみよう！

"Choose someone else, please."
「だれかほかの人を選んで、お願い」

何かをしてほしいときに、pleaseをつけて言いましょう。

 使ってみよう

"Any drinks?"
「何か飲みものは？」

"Orange juice, please."
「オレンジジュースをお願いします」

pleaseはThank you.(ありがとう)と同じく、会話で使われるとてもたいせつな表現です。何かをお願いするときは、忘れずに言いましょう。

あやまろう

"I'm sorry."
「オレが悪かったよ」

"I'm sorry."は、だれかにあやまるときに使います。ほんとうにごめんなさい、と伝えたいときは"I'm very sorry."や"I'm so sorry."と心をこめて伝えましょう。

使ってみよう

"I'm sorry. I'm late."
「ごめんなさい。遅れました」

日本語では、「すみません」ということばも同じように使われます。ただし英語では、人の目の前を通ったり、話しかけたりするときは、"Excuse me."を使いましょう。

28ページのこたえ

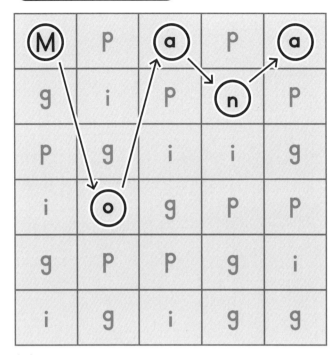

Moana モアナ

29ページのこたえ

Te Kā	13ページ
Te Fiti	24ページ
Gramma Tala	5ページ
Moana	9ページ
Maui	10ページ
wayfinder	26ページ

英語で楽しもう　ディズニーストーリー⑤
MOANA モアナと伝説の海

発　行	2018年4月　第1刷
監　修	荒井和枝
発行者	長谷川 均
編　集	大野里紗　崎山貴弘
発行所	株式会社　ポプラ社
	〒160-8565　東京都新宿区大京町22-1
	電話　（営業）03-3357-2212　（編集）03-3357-2635
	振替　00140-3-149271
	ホームページ　www.poplar.co.jp
印刷・製本	図書印刷株式会社

監修　荒井和枝（あらい かずえ）
筑波大学卒。仙台市内公立中学校を経て、筑波大学附属中学校非常勤講師、平成21年より筑波大学附属小学校に勤務。小学校教育英語学会所属。

●装丁・デザイン
株式会社ダイアートプランニング　大場由紀

●編集協力
フューチャーインスティテュート株式会社　為田裕行

©2018 Disney Enterprises,Inc.
Printed in Japan
ISBN978-4-591-15751-0　N.D.C.837　32p　27cm

●落丁本・乱丁本は送料小社負担にてお取り替えいたします。小社製作部宛にご連絡下さい。
　電話0120-666-553　受付時間は月～金曜日、9:00～17:00（祝日・休日は除く）
●読者の皆様からのお便りをお待ちしております。
　いただいたお便りは、編集部から編集協力者にお渡しいたします。
●本書のコピー、スキャン、デジタル化等の無断複製は著作権法上での例外を除き禁じられています。
　本書を代行業者等の第三者に依頼してスキャンやデジタル化することは、
　たとえ個人や家庭内での利用であっても著作権法上認められておりません。

英語で楽しもう ディズニーストーリー 全5巻

かんたんな英語の文章でディズニー映画のストーリーが書かれた英語絵本です。

小学校中学年〜中学生向き N.D.C.837 　AB判・各32ページ

① **FROZEN** アナと雪の女王

② **WRECK-IT RALPH** シュガー・ラッシュ

③ **BIG HERO 6** ベイマックス

④ **ZOOTOPIA** ズートピア

⑤ **MOANA** モアナと伝説の海

【監修】荒井和枝
筑波大学附属小学校教諭

★ポプラ社はチャイルドラインを応援しています★

こまったとき、なやんでいるとき、
18さいまでの子どもがかけるでんわ
チャイルドライン®
0120-99-7777
ごご4時〜ごご9時 ＊日曜日はお休みです
電話代はかかりません 携帯・PHS OK